Entspannung, Ruhe und Genuß

sind ein Stück Lebensfreude, die wir mit einer dampfenden Tasse Tee verbinden. Aber das meistgetrunkene Getränk der Welt kann durchaus auch aufmunternd wirken – wenn der Tee nicht länger als drei Minuten gezogen hat.

Tee schmeckt pur, mit Zucker, mit Milch und vor allem mit einem leckeren Gebäck dazu. Er schenkt aber auch heißen und kalten Mixgetränken sein würziges Aroma und verleiht Desserts einen raffinierten Geschmack.

Lassen Sie sich von der Vielfalt des Tees überraschen!

Tee-Geschichte(n)

Erst zu Beginn des 17. Jahrhunderts brachten die Holländer den ersten grünen Tee nach Europa. Ursprünglich aus Japan stammend, kam er aber bald auch aus China. Zu dieser Zeit war das Getränk weit davon entfernt, ein Genußmittel zu sein: Tee wurde als Medizin nur in Apotheken verkauft. Sein Stellenwert wandelte sich erst mit der Einfuhr von schwarzem Tee, der dann wie Kaffee und Schokolade zum Luxusgetränk der Reichen avancierte. Von Holland aus gelangte er nach England und Deutschland, und etwa 70 Jahre später übernahmen die Engländer mit der Gründung der Ostindien-Kompanie die Führung im Teehandel.

Mit »Russischem Tee« bezeichnete man lange Zeit den schwarzen Tee aus Asien, der mit Karawanen über Rußland nach Mitteleuropa befördert wurde. »Karawanentee« galt unter Kennern immer als sehr wertvoll, weil er im Gegensatz zu dem monatelang auf unruhiger See beförderten Tee geschmacklich einwandfrei war.

Das Teegeschäft perfektionierte im 19. Jahrhundert der englische Teehändler Thomas Lipton: Er brachte abgepackte Teemischungen unter seinem Namen auf den Markt.

Die anregende und belebende Wirkung des Tees beruht ebenso wie beim Kaffee auf dem Coffein. Der Unterschied: Der Tee wirkt nicht so aufregend, dafür langsamer und länger. Die Verbindungen im Tee transportieren das Coffein nach und nach in den Körper. Sie stimulieren das Gehirn und Zentralnervensystem, nicht Herz und Kreislauf wie der Kaffee. Daher spüren Sie nach dem Trinken von Tee eine erhöhte Reaktions- und Konzentrationsfähigkeit. Besonders empfindsame Genießer, die um ihre Nachtruhe fürchten, sollten daher nach 16:00 Uhr lieber auf Tee- oder Kaffeegenuß verzichten.

Rund ums Teeblatt

Ob grün oder schwarz, der Tee stammt immer von denselben Pflanzen, wird aber unterschiedlich bearbeitet.

So entsteht schwarzer Tee nach der traditionellen Methode:

1. Welken: Große Ventilatoren und Heißluftgeräte machen die frischen grünen Blätter trocken und geschmeidig.
2. Rollen: Die welken Teeblätter kommen in die Rollmaschine zum Zerkleinern.
3. Fermentieren: Beim Aufbrechen der Zellen tritt Pflanzensaft aus, der an der Luft oxidiert und gärt. Die Blätter färben sich kupferrot. Jetzt erst entwickelt sich das Aroma.
4. Trocknen: Die Fermentation wird mit Heißluft gestoppt. Trocken und dunkelfarben gelangt der Rohtee zum
5. Sortieren: Beim Aussieben teilt man ihn in vier Größen ein:
• Blatt-Tee: »ganze« Teilchen.
• Broken-Tee: englisch für »gebrochener«, also kleinblättriger Tee. Er zieht rascher und ist ergiebiger als Blatt-Tee.
• Fannings: winzige Blattstückchen, vorwiegend für Aufgußbeutel.
• Dust: englisch für »Staub«; die allerkleinsten Blatt-Teilchen.

Grüner Tee wird nicht fermentiert, sondern gedämpft. Das zerstört Fermente und Enzyme im Tee, nicht aber die Gerbstoffe. Deshalb ist grüner Tee herber als schwarzer, der Aufguß hell.

Oolong heißt ein halbfermentierter Tee, bei dem der Gärprozeß nach der Halbzeit unterbrochen wird. Geschmacklich liegt er zwischen schwarzem und grünem Tee.

Weltweit setzt sich zunehmend ein verkürztes Verfahren durch: Die welken Blätter werden in einem Arbeitsgang zerrissen, zerquetscht, gerollt. Damit gibt es aber keine Blatt-Tees mehr!

Aller Welts Tee

Aus <u>Indien</u> kommen die meisten Tees, die bei uns getrunken werden: Assam ist eine kräftige und würzige Sorte, zu erkennen an ihrer dunklen Farbe in der Tasse. Darjeeling heißt ein besonders feiner, hellgoldener und blumig-zarter Tee aus dem Himalaja-Hochland. Spitzentees sind der »first flush« aus der Frühjahrsernte und der etwas dunklere und kräftigere »second flush« aus den Sommermonaten.

Auf <u>Ceylon</u> wächst eine rassige, herbe und stark aromatische Sorte, die noch immer nach dem alten Namen des heutigen Sri Lanka benannt wird.

In <u>China</u> wird meistens grüner Tee hergestellt: Gunpowder, zu deutsch Schieß-pulver,

kugelig gerollte Blätter, und Chunmee heißen zwei der berühmtesten Sorten. Lapsang Souchong ist ein rauchiger schwarzer Tee von bester Qualität.

In <u>Indonesien</u> erfolgt auf der Insel Java der Anbau eines starken, dem Assam ähnlichen Tees. Sumatra-Tees werden meist in Mischungen verwendet.

Auf Teedosen und -tüten sind neben der Herkunftssorte auch die Blattgröße und die Blattqualität genannt:
• <u>Flowery</u>: englisch für »blumig«, dem Tee ist ein sehr duftendes Aroma eigen.
• <u>Orange</u>: Das Wort hat nichts mit Orangen zu tun, er bezieht sich auf das niederländische Königshaus Oranien; »Königlich« bedeutet »besonders gut«.
• <u>Pekoe</u>: »Weißer Flaum« auf chinesisch; nur die kleinen, noch zarten Blätter stecken im Tee. Eher herb im Geschmack.
• <u>Tippy</u>: besonders feiner Blatt-Tee, der aus vielen jungen, hellen Spitzenblättern (»Tips«) besteht. Daher auch die Bezeichnung »Goldspitzen-Tee«.

Tee in der Kanne

Für 1 Tasse Tee brauchen Sie 1 Teelöffel (1,5–2 g) Tee oder 1 Tee-Aufgußbeutel und 150–200 ml frisches Wasser. Man rechnet pro Liter Wasser 6 Teelöffel (9–12 g) Tee, gehäufte bei Blatt-Tee, gestrichene bei kleinblättrigem Broken-Tee.

Am besten bereiten Sie Tee mit zwei Kannen zu. In der einen wird überbrüht, in der zweiten serviert. Teesiebe, zum Beispiel aus Baumwolle, Porzellan oder Bambus sind praktisch, wenn Sie nur eine Teekanne benutzen. Kein Tee-Ei verwenden – Tee braucht Platz zum Entfalten!

Die Teekanne sollte aus Steingut, Porzellan oder Glas sein. Entgegen alter Regeln brauchen Sie sie vor dem Überbrühen nicht mit heißem Wasser vorzuwärmen (Seite 18).

Nach 2–3 Minuten Ziehdauer löst sich das anregende Coffein aus dem Tee. Je länger man ihn ziehen läßt, etwa 4–5 Minuten, desto mehr Gerbstoffe (Tannine) gehen in das Wasser über und wirken beruhigend auf Magen und Darm. Grünen Tee nach 2 Minuten abseihen, da er schnell bitter wird.

Den Tee mit einem Löffel kurz umrühren, dann durch ein feinmaschiges Sieb in eine Servierkanne abgießen (Seite 18). Filter brauchen Sie nur aus der Kanne zu nehmen.

Zucker oder Kandis sind als Beigabe zum Tee ebenso möglich wie Sahne oder Milch. Wer Zitrone im Tee bevorzugt, sollte eine besonders kräftige Teesorte wählen. Rum kann die Feinheiten des Geschmacks überdecken.

Tee im Samowar

Der Samowar gehört zum echten russischen Teegenuß. In dem großen Kupfer-, Bronze- oder Silberkessel wird das Teewasser erhitzt und über lange Zeit heiß gehalten. Obendrauf steht ein Kännchen mit Tee-Extrakt. Für 1 Tasse Tee gießen Sie eine kleine Menge davon (50–70 ml) in eine Teetasse und verdünnen den starken Tee nach Ihrem Geschmack mit heißem Wasser aus dem Samowar (Seite 18/19).

Ein elektrisch beheizter Samowar läßt sich mühelos in Betrieb nehmen. Der Samowar-Kessel wird mit kaltem Wasser gefüllt (Seite 19).

Mit Holzkohle betriebene Samowars erfordern mehr Aufwand. In das Heizrohr in der Mitte des Wasserkessels kommt die glühende Holzkohle, die auf einem Grill im Freien vorbereitet werden sollte. Die Verlängerung auf das Heizrohr setzen. So bekommt die Kohle Sauerstoff. Das Wasser beginnt zu kochen, die Holzkohle verglüht.

Für das Tee-Konzentrat nehmen Sie pro Tasse 3 Teelöffel (4–5 g) Tee oder 3 Aufgußbeutel und 150–200 ml kochendes Wasser. Die Menge reicht verdünnt für 3 Tassen Tee. Rechnen Sie für 1/2 l Tee-Extrakt 10 Teelöffel (15–20 g) Tee.

Die Teeblätter in einer Teekanne mit kochendem Wasser aufgießen und etwa 5 Minuten ziehen lassen. Geeignet sind zum Beispiel schwarze Teesorten aus Indien oder Ceylon. Das Teekonzentrat durch ein Teesieb in den kleinen Samowar-Kessel abgießen oder das Teenetz aus der Kanne entfernen (Seite 19).

Das Kännchen mit dem konzentrierten Tee oben auf den Deckel des Samowars oder auf das Heizrohr stellen. So bleibt der Tee-Extrakt immer heiß.

Eistee Grundrezept

Eistee hat nichts mit kaltem Tee zu tun! Für das traditionell amerikanische Teegetränk, das in Nordamerika »Iced Tea« genannt wird, brauchen Sie 1 Tasse heiß aufgebrühten, mindestens doppelt stark zubereiteten Tee und 1 Glas mit Eiswürfeln. Dazu kommen eventuell zum Abschmecken etwas Zucker und Zitronensaft. Im Unterschied zu einem normal erkalteten Tee wird der Eistee schockartig abgekühlt. Seine Aroma- und Geschmacksstoffe können sich voll entfalten, der Tee wirkt herrlich erfrischend.

Pro Portion 2 Teelöffel oder 2 Aufgußbeutel schwarzen Tee mit 200 ml kochendem Wasser aufgießen, etwa 4 Minuten ziehen lassen, dann abseihen oder den Tee mit dem Teesieb zubereiten (Seite 18).

Zucker und Zitronensaft nach Geschmack in den heißen Tee rühren.

Ein schmales hohes Glas mit Eiswürfeln zu zwei Dritteln füllen und den heißen Tee darüber gießen (Seite 18). Keine Angst – das Glas platzt nicht!

Zum Trinken eignet sich am besten ein Trinkhalm.

Die Nordamerikaner trinken den Eistee bevorzugt in der heißen Jahreszeit als kühlen Durstlöscher. Seine einfache Rezeptur dient als Basis für zahlreiche Varianten. So können Sie dem Eistee sehr gut eine Prise Ingwer- oder Kardamompulver zusetzen, auch Blättchen von frischer Pfefferminze oder Zitronenmelisse, Johannisbeeren oder Ananasstücke eignen sich zum Aromatisieren. Prima läßt er sich mit Fruchtsäften wie Ananas-, Kirsch- oder Orangensaft mixen, ebenso mit Gin, Cognac, Rum oder Campari.

Friesischer Tee

Durch das kühle »Wölkchen« Sahne schmeckt jeder Schluck Tee anders.

Spezialität

Zutaten für 4–6 Personen:
6 Teel. Ostfriesische Broken-Teemischung • weißer Kandiszucker (Kluntjes)
6–10 Teel. Sahne
Was Sie sonst noch brauchen:
4 Teetassen • 1 Teelöffel

• Zubereitungszeit: etwa 15 Minuten

Pro Portion etwa: 110 kJ/26 kcal

1

In einem Topf 1 l Wasser zum Kochen bringen. Den Tee in eine Kanne geben, soviel sprudelnd kochendes Wasser darüber gießen, daß die Teeblätter gut bedeckt sind. Etwa 3 Minuten ziehen lassen.

2

Dann den Rest des kochenden Wasser nachgießen. Den Tee durch ein feines Sieb in eine Servierkanne abgießen (Seite 18) und eventuell auf einem Stövchen bei Tisch warm halten.

3

In jede Tasse nach Geschmack einige Würfel Kandis legen, mit dem heißen Tee auffüllen. Vorsichtig etwas flüssige Sahne über den Rücken eines Teelöffels in jede Tasse laufen lassen. Der Tee wird nicht umgerührt, man schlürft ihn durch die kühle Sahneschicht. Der Kandis löst sich langsam auf. Sobald die erste Tasse ausgetrunken ist, gießt man wieder heißen Tee nach und gibt eine neue »Wolke« obendrauf.

Zum friesischen Nachmittagstee passen gut die Sultana Buns (Seite 32) oder ein anderes Hefegebäck. Landestypisch wird's mit gebackenen Waffeln, geschlagener Sahne und Pflaumenmus.

Marokkanischer Minztee

Dieses heiße Erfrischungsgetränk wird in Nordafrika rund um die Uhr serviert.

Spezialität aus Marokko

Zutaten für 4 Personen:
3–4 frische Minzezweige (oder 1 Eßl. getrocknete Minze) • 60 g Zuckerwürfel
4 Teel. grüner Tee
Zum Garnieren:
4 Minzezweiglein
Was Sie sonst noch brauchen:
4 kleine Teegläser • 2 Teekannen

• Zubereitungszeit: etwa 20 Minuten

Pro Portion etwa: 250 kJ/60 kcal

Grüner Tee schmeckt leicht bitter. Um den Blättern etwas von ihrer Herbe zu nehmen, können Sie die Teeblätter zunächst nur mit etwas kochendem Wasser aufgießen. Dann gut schwenken und abgießen. Ansonsten verfahren Sie, wie im Rezept beschrieben.
Wer sich mit dem grünen Tee überhaupt nicht anfreunden kann, nimmt statt dessen die gleiche Menge eines kräftigen schwarzen Tees, zum Beispiel aus Ceylon, als Grundlage für die Minzemischung.

1

In einem Topf 3/4 l Wasser zum Kochen bringen. Die Minzezweige abspülen, gut trockenschütteln und die Blätter von den Stengeln zupfen. Die Minzeblätter und die Zuckerwürfel in eine Kanne, die Teeblätter in eine zweite Kanne geben.

2

Die Minze und den Zucker mit 1/4 l kochendem Wasser überbrühen. Das übrige Wasser über die grünen Teeblätter gießen, etwa 3 Minuten ziehen lassen.

3

Den grünen Tee durch ein feines Sieb zu dem Minzeaufguß gießen und mit einem Löffel gut umrühren.

4

Je ein Minzezweiglein in ein Glas geben, den heißen Tee darüber gießen und mit einem Teelöffel servieren. Eventuell noch Zuckerwürfel dazu reichen.

Jagertee

Ein alpenländischer Punsch, der bei Winterurlaubern sehr beliebt ist.

Klassiker aus Tirol

Zutaten für 4 Personen:
4 Teel. schwarzer Tee • 1/4 l Rotwein
Saft von 1 Orange • Saft von 1/2 Zitrone
2 Gewürznelken • 1/4 Stange Zimt
60 g Zucker
4 cl Obstler oder brauner Rum
Zum Garnieren:
4 Scheiben einer unbehandelten Zitrone
Was Sie sonst noch brauchen:
4 hitzefeste Gläser oder 4 Tassen

• Zubereitungszeit: etwa 15 Minuten

Pro Portion: etwa 640 kJ/150 kcal

Das Heißgetränk enthält reichlich Alkohol. Servieren Sie Autofahrern einen alkoholfreien Gewürzpunsch. Hierfür überbrühen Sie für 4 Personen 3 Teelöffel schwarzen Tee mit 1/2 l kochendheißem Wasser. Etwa 3 Minuten ziehen lassen, dann den Tee in einen Topf abseihen. 1/4 l Apfelsaft, 2 Teelöffel Ahornsirup, 75 g Zucker und den ausgepreßten Saft einer Zitrone hinzufügen. Bis kurz vor den Siedepunkt erhitzen, dann in vorgewärmte Teegläser oder -tassen füllen.

1

In einer Kanne den schwarzen Tee mit 5/8 l (625 ml) kochendheißem Wasser übergießen und 3-4 Minuten ziehen lassen.

2

Inzwischen den Rotwein, den ausgepreßten Orangen- und Zitronensaft, die Gewürze und den Zucker in einen Topf geben und verrühren. Den fertigen Tee durch ein Sieb dazugießen (Seite 18). Alles bis kurz vor den Siedepunkt erhitzen, aber nicht kochen lassen.

3

Den Obstler oder Rum dazugießen und die Mischung durch ein Sieb in die vorgewärmten Gläser oder Tassen abgießen. Die Zitronenscheiben bis zur Mitte einschneiden und an den Rand hängen. Den Punsch mit einem Löffel umrühren und sofort servieren.

Holunderblüten-Teebowle

Ein spritziges Getränk für Ihre nächste Sommerparty!

Für Gäste

Zutaten für 2 1/2 l:
6 Holunderblütendolden
2 unbehandelte Zitronen • 150 g Zucker
1 Flasche Weißwein (0,7 l), gut gekühlt
6 Teel. schwarzer Tee (zum Beispiel Earl Grey) • 1 Flasche eiskalter Sekt (0,7 l)
Zum Abkühlen des Tees:
Eiswürfel
Was Sie sonst noch brauchen:
1 Bowlengefäß

• Zubereitungszeit: etwa 30 Minuten
• Zeit zum Ziehenlassen des Sirups:
  etwa 4 Stunden

Pro Glas (0,2l): etwa 630 kJ/150 kcal

Dieses leicht säuerliche Getränk »ohne« Alkohol ist ein wunderbarer Durstlöscher: Gießen Sie den Holunderblüten-Ansatz mit 1/4 l Grapefruitsaft auf, und lassen Sie das Ganze etwa 2 Stunden ziehen. Dann die Blütendolden entfernen, mit 1/2 l Eistee, 1/4 l gut gekühltem Grapefruitsaft und 1/2 l Mineralwasser auffüllen.

1

Die Blütendolden ausschütteln und in das Bowlengefäß geben. 1 Zitrone heiß abwaschen, trockenreiben, in Scheiben schneiden und hinzufügen.

2

1/4 l Wasser mit dem Zucker aufkochen lassen, heiß über die Blütendolden und die Zitronenscheiben gießen. Mit der Hälfte des Weins auffüllen, an einem sonnigen Ort etwa 4 Stunden ziehen lassen.

3

Den Tee mit 1/2 l kochendem Wasser überbrühen, etwa 5 Minuten ziehen lassen. Eine kleine Kanne zur Hälfte mit Eiswürfeln füllen, den heißen Tee durch ein Sieb darüber gießen und umrühren.

4

Die Blütendolden aus dem Sirup entfernen. Den Eistee und den ausgepreßten Saft der zweiten Zitrone dazugeben, mit dem übrigen Wein und dem Sekt aufgießen.
Nehmen Sie außerhalb der Blütezeit (Juni-Juli) 1/8 l fertigen Holunderblüten-Sirup aus dem Reformhaus statt des frisch angesetzten Sirups.

Tee aufbrühen

Eistee zubereiten

1 Die Teeblätter direkt in die Teekanne geben. Frisches Wasser zum
Kochen aufsetzen und wenn es spru-
delt, sofort die ganze Menge über den
Tee gießen.

1 Das Teesieb in die Tasse einsetzen.
Die Teeblätter hineinlöffeln und mit
dem kochendheißem Wasser auffüllen.
Den Tee etwa 4 Minuten ziehen lassen.
Das Teenetz aus der Tasse entfernen.

2 Den Tee 3–5 Minuten ziehen las-
sen. Mit einem Löffel kurz umrühren.
Durch ein feinmaschiges Sieb in eine
Servierkanne abseihen.

2 Das Glas zu zwei Dritteln mit Eiswürfeln füllen und den heißen Tee darüber gießen. Keine Angst – das Glas
platzt nicht!

Das Samowar-System

1 Den Deckel abnehmen und den großen Kessel mit kaltem Wasser füllen. Den Samowar an das elektrische Netz anschließen. Innerhalb kurzer Zeit gelangt das Wasser zum Kochen.

3 Das Tee-Konzentrat durch ein Teesieb in den kleinen Kessel abseihen (oder das Teenetz entfernen) und auf den Kannenaufsatz des Samowars stellen, damit es heiß bleibt.

2 15–20 g Teeblätter in eine Teekanne füllen. Mit 1/2 l kochendem Wasser aufgießen und etwa 5 Minuten ziehen lassen.

4 Jeweils einen kleinen Schluck Tee-Extrakt aus der Kanne in Tassen gießen und nach persönlichem Geschmack mit heißem Wasser aus dem Samowar verdünnen.

Teelikör

Er schmeckt als wohltuendes
Schlückchen nach einem Festessen.

Gelingt leicht

Zutaten für 1 l:
125 g Zucker
25 g schwarzer Tee (zum Beispiel Ceylon
Flowery-Orange-Pekoe Tee)
1/4 l Cognac oder Weinbrand
1 Vanilleschote
Was Sie sonst noch brauchen:
1 verschließbare Glasflasche

• Zubereitungszeit: etwa 15 Minuten
• Reifezeit: etwa 1 Woche

Pro Drink (4 cl): 170 kJ/40 kcal

1

Den Zucker mit 1/8 l Wasser in einem
breiten, schweren Topf vermischen und
unter Rühren langsam erhitzen. Nach
dem Aufkochen ohne Rühren etwa
2 Minuten sprudelnd kochen lassen.
Den Topf vom Herd nehmen und den
Inhalt abkühlen lassen.

2

Den Tee in eine Kanne geben und mit
600 ml kochendem Wasser überbrühen,
etwa 3 Minuten ziehen lassen. Dann
durch ein Sieb gießen.

3

Die Tee-Essenz mit dem Zuckersirup
mischen, mit dem Cognac oder Weinbrand verrühren.

4

Die Flasche mit heißem Wasser gründlich ausspülen, den Likör hineinfüllen.
Die Vanilleschote längs aufschneiden
und hinzufügen. Die Flasche gut ver-
schließen. Den Likör kühl und dunkel
mindestens 1 Woche ruhen lassen.

Zum Verschenken den Likör in eine
dekorative Karaffe füllen und ein
Päckchen Tee an den Flaschenhals
hängen.

21

Kokos-Teecreme

Ein zartes Dessert, das nicht zu süß ist und auf der Zunge zergeht.

Braucht etwas Zeit • Für Gäste

Zutaten für 4 Personen:
100 g frisch geraspelte oder getrocknete Kokosraspel
3 Eßl. schwarzer Tee (zum Beispiel Darjeeling) • 4 Blatt weiße Gelatine
3 Eigelb • 75 g Puderzucker
200 g Sahne
Zur Verzierung:
1 Eßl. Kokosrapsel
einige Mangospalten
nach Belieben einige Melisseblättchen

• Zubereitungszeit: etwa 1 1/4 Stunden
• Kühlzeit: etwa 2 1/2 Stunden

Pro Portion etwa: 1900 kJ/450 kcal

1

Die Kokosraspel in eine Schüssel geben, mit gut 1/8 l kochendem Wasser übergießen und etwa 30 Minuten ziehen lassen.

2

Eine weitere Schüssel mit einem sauberen Tuch auslegen. Den Kokosbrei in Portionen hineingeben, das Tuch jeweils zusammendrehen und die Masse fest ausdrücken. Die Kokosmilch dabei in der Schüssel auffangen.

3

Den Tee in einer Kanne mit 200 ml kochendem Wasser übergießen und etwa 5 Minuten ziehen lassen. Durch ein Sieb in einen Krug abgießen, mit der Kokosmilch verrühren.

4

In einer Schale die Gelatine in kaltem Wasser etwa 5 Minuten einweichen. Die Eigelbe und den Puderzucker mit den Schneebesen des Handrührgeräts in einer Schüssel cremig rühren. Langsam, unter ständigem Weiterschlagen die Teemischung dazugießen.

5

Die Gelatine tropfnaß in einen kleinen Topf geben und bei schwacher Hitze unter Rühren auflösen. Diese Flüssigkeit nun nach und nach unter die Creme mischen und etwa 30 Minuten kalt stellen, bis sie zu gelieren beginnt.

6

Die Sahne steif schlagen, unter die Creme heben. Diese etwa 2 Stunden kalt stellen. Inzwischen für die Verzierung die Kokosraspel in einer trockenen Pfanne anrösten und dann zur Seite stellen.

7

Mit einem angefeuchteten Eßlöffel von der Teecreme Nocken abstechen und mit den Mangospalten auf vier Tellern arrangieren. Nach Belieben mit den Kokosraspeln und den Melisseblättchen dekorieren.

Früchte in Tee-Gelee

Ein erfrischendes Dessert, das sich auch mit anderen Früchten variieren läßt.

Gelingt leicht • Für Gäste

Zutaten für 4 Personen:
9 Blatt weiße Gelatine
3 Teel. schwarzer Tee (zum Beispiel Ceylon) • 100 g Zucker • 4 Eßl. Zitronensaft
100 g blaue Weintrauben
100 g Erdbeeren • 1 Banane
100 g Ananasscheiben aus der Dose
4 Zweige frische Zitronenmelisse
100 g Sahne • 1 Teel. Vanillezucker
Was Sie sonst noch brauchen:
4 große Teller

• Zubereitungszeit: etwa 30 Minuten
• Kühlzeit: etwa 2 Stunden

Pro Portion etwa: 1200 kJ/290 kcal

Nehmen Sie für das Dessert keine frische Ananas. Ein darin enthaltenes Enzym läßt Gelatine nicht fest werden. Durchs Erhitzen verliert es seine Wirkung.

1

In einer kleineren Schüssel die Gelatine in kaltem Wasser einweichen.

2

Die Teeblätter in eine Kanne geben und mit 3/4 l kochendheißem Wasser überbrühen. Etwa 3 Minuten ziehen lassen, dann den Tee durch ein Sieb in eine Rührschüssel abgießen.

3

Den Zucker und den Zitronensaft hinzufügen. Die Gelatine ausdrücken und nach und nach in dem heißen Tee unter Rühren auflösen. Abkühlen lassen.

4

Inzwischen die Trauben waschen, halbieren und entkernen. Die Erdbeeren kurz abspülen, putzen und in Scheiben schneiden. Die Banane schälen, schräg in Scheiben teilen. Die Ananasscheiben abtropfen lassen und vierteln. Die Melisse abspülen, trockentupfen und die Blätter abzupfen.

5

Die Früchte dekorativ auf vier Tellern auslegen, mit den Melisseblättern bestreuen. Vorsichtig jeweils einen dünnen Spiegel Tee darübergießen, im Kühlschrank erstarren lassen.

6

Das Obst mit dem übrigen Tee bedecken, das Gelee völlig fest werden lassen.

7

Vor dem Servieren die Sahne mit dem Vanillezucker halbsteif schlagen, je einen Klecks auf das Tee-Gelee geben.

Herzhafte Sandwiches

Zum englischen Fünf-Uhr-Tee gehören klassisch belegte Sandwiches.

Gelingt leicht

Zutaten für 4–6 Personen:
8 Scheiben Toastbrot oder Kasten-
weißbrot • 4 Scheiben Vollkorn-Toast-
brot • 75 g Salatgurke
1 Eßl. Weißweinessig • Salz
schwarzer Pfeffer, frisch gemahlen
3 Eßl. Öl • 1 Eßl. gehackter Dill
1 Eßl. Butter • 2 Kopfsalatblätter
40 g Cheddarkäse in Scheiben
1 kleine feste Tomate
3 gestrichene Eßl. Mayonnaise
1 kleines Ei • 40 g Schinken, gekocht
1 Eßl. Schnittlauchröllchen

• Zubereitungszeit: etwa 1 Stunde

Bei 6 Portionen pro Portion etwa:
1100 kJ/260 kcal

Die Toastscheiben werden besonders dünn und dicht, wenn Sie sie zwischen zwei Küchenbrettern, beschwert mit Konservendosen, über Nacht pressen.

1

Die Toastbrotscheiben entrinden. Für die Gurkensandwiches die Gurke schälen und in dünne Scheiben schneiden.

2

In einer Schüssel Essig, Salz, Pfeffer und Öl verquirlen, Dill unterrühren. Die Gurkenscheiben in der Marinade wenden und etwa 20 Minuten ziehen lassen.

3

Für die Käsesandwiches die Vollkorn-Toasts mit Butter bestreichen, zwei Scheiben mit Salatblättern und Cheddar belegen. Die Tomate waschen, in Scheiben schneiden, auf den Käsebroten verteilen. Die übrigen zwei Brotscheiben darauf legen, diagonal teilen.

4

Die Gurkenscheiben in einem Sieb abtropfen lassen. Vier helle Brotscheiben mit etwas Mayonnaise bestreichen, zwei üppig mit den Gurkenscheiben belegen. Die übrigen Brotscheiben darauf legen und in Dreiecke schneiden.

5

Für die Schinkensandwiches das Ei hart kochen, pellen und grob hacken. Mit dem Schinken fein hacken, mit der restlichen Mayonnaise und Schnittlauch verrühren. Mit Salz und Pfeffer abschmecken. Die Paste auf zwei helle Brote streichen, die übrigen zwei Scheiben darauf legen. Die Sandwiches jeweils in vier Streifen schneiden.

English Tea-Time Cake

Dieser »Englische Kuchen« schmeckt zum Nachmittagskaffee oder zu Punsch.

Gut vorzubereiten

Zutaten für eine Kastenform von 30 cm Länge:
200 g weiche Butter • 150 g Zucker
4 Eier • 1 Prise Salz
abgeriebene Schale von 1 unbehandelten Zitrone • 300 g Mehl
1 Teel. Backpulver • 1 Eßl. brauner Rum
100 g gemischte kandierte Früchte, kleingewürfelt (zum Beispiel Sukkade, Orangeat, Kirschen, Melonen)
100 g Rosinen
100 g gehackte Mandeln
Was Sie sonst noch brauchen:
Butter zum Einfetten für die Form
Puderzucker zum Bestäuben

• Zubereitungszeit: etwa 25 Minuten
• Backzeit: etwa 75 Minuten

Bei 12 Stück pro Stück etwa: 1600 kJ/ 380 kcal

1

Die Butter und den Zucker in eine Schüssel geben und mit dem Handrührgerät auf hoher Stufe schaumig rühren. Dann die Eier einschlagen, das Salz und die Zitronenschale hinzufügen.

2

Das Mehl mit dem Backpulver vermischen. Nach und nach die Mehlmischung, den Rum, die kandierten Früchte, die Rosinen und die Mandeln unter den Eierschaum rühren.

3

Den Backofen auf 175° vorheizen. Die Kastenform gut einfetten und die Masse hineinfüllen. Im heißen Backofen (Mitte, Gas Stufe 2, Umluft 160°) etwa 70–80 Minuten backen. Der Kuchen ist gar, wenn an einem Holzstäbchen, das man in den Kuchen steckt, nichts mehr hängenbleibt.

4

Den goldbraunen Kuchen aus dem Ofen nehmen, etwas abkühlen lassen, dann auf ein Kuchengitter stürzen und völlig erkalten lassen. Erst am nächsten Tag anschneiden und vor dem Servieren mit Puderzucker bestäuben.

Dank seines saftigen Innenlebens hält sich der Kuchen in Alufolie verpackt mindestens 14 Tage lang frisch.

Zitrus-Mandel-Taler

Erst eins, dann zwei, dann drei... so
mürbe und so verführerisch!

Ganz einfach • Für Gäste

Zutaten für etwa 60 Stück:
225 g Mehl • 50 g gemahlene Mandeln
100 g Zucker • 1 Eßl. Vanillezucker
1 Prise Salz
1/2 unbehandelte Zitrone
1 Ei • 150 g Butter
Für die Arbeitsfläche: Mehl
Für das Blech: Butter
Zum Bestreichen: 1 verquirltes Eigelb
Zum Bestreuen: 40 g Mandelblättchen

- Zubereitungszeit: etwa 45 Minuten
- Kühlzeit des Mürbeteigs: etwa
  1 Stunde
- Backzeit: etwa 20 Minuten

Pro Stück etwa: 220 kJ/52 kcal

Das Eigelb darf nicht trocken sein, da
die Mandelblättchen darauf nicht mehr
kleben. Bestreichen Sie am besten
immer zehn Plätzchen hintereinander,
und beginnen Sie dann mit dem
Bestreuen.

1

Das Mehl, die gemahlenen Mandeln,
den Zucker, den Vanillezucker und das
Salz mischen und auf die Arbeitsfläche
häufen. Die Schale der Zitrone fein
dazureiben, den Saft auspressen und
mit dem Ei in die Mitte geben. Die Butter kleinschneiden und rundherum verteilen.

2

Alles mit einem großen Messer durch-
hacken, dann mit den Händen rasch zu
einem festen Mürbeteig verkneten. Auf
der leicht bemehlten Arbeitsfläche drei
Rollen von etwa 2 1/2 cm Durchmesser
formen. Diese auf ein Brett legen, mit
Folie abdecken und mindestens 1 Stunde kalt stellen.

3

Den Backofen auf 175° vorheizen. Das
Backblech einfetten. Von den Rollen
knapp fingerdicke Scheiben abschnei-
den und auf das Backblech legen.

4

Die Plätzchen mit dem Eigelb bestreichen. Mit den Mandelblättchen
bestreuen. Im Backofen (Mitte, Gas
Stufe 2, Umluft 160°) in etwa 20 Minuten goldgelb backen.

Sultana Buns

Ofenwarm auf den Tisch: »Rosinenbrötchen« mit Butter und Erdbeerkonfitüre.

Spezialität aus England

Zutaten für 16 Stück:
150 ml Milch • 20 g frische Hefe
120 g Zucker • 350 g Mehl • 1 Ei
fein abgeriebene Schale einer unbehan
delten Zitrone • 1 Prise Salz
50 g weiche Butter • 125 g Sultaninen
1 verquirltes Ei
Für die Arbeitsfläche: Mehl
Für das Blech: Butter

• Zubereitungszeit: etwa 45 Minuten
• Zeit zum Gehenlassen des Hefeteigs:
  insgesamt etwa 1 3/4 Stunden
• Backzeit: etwa 12 Minuten

Pro Stück etwa: 420 kJ/100 kcal

1

Die Milch lauwarm erhitzen. Die Hefe
hineinbröckeln, 1 Teelöffel Zucker und
2 Teelöffel Mehl hinzufügen und alles
glatt zu einem Vorteig verrühren. An
einem warmen Ort etwa 20 Minuten
gehen lassen.

2

Das übrige Mehl in eine große Schüssel
schütten, in die Mitte eine Mulde
drücken. In diese 100 g Zucker, das Ei,
die Zitronenschale, das Salz und den
Hefe-Vorteig geben. Alles mit den Knethaken des Handrührgeräts gründlich
vermischen. Die Butter und die Sultaninen gleichmäßig einarbeiten.

3

Den Teig auf der bemehlten Fläche mit
den Händen leicht durchkneten, bis er
glatt und geschmeidig ist. Zu einem
Laib formen, in eine Schüssel legen und
abgedeckt an einem warmen Ort etwa
1 Stunde gehen lassen.

4

Ein Backblech einfetten. Aus dem Teig
mit einem bemehlten Eßlöffel etwa 16
Häufchen abstechen und auf das Blech
setzen. Zugedeckt nochmals etwa 20
Minuten gehen lassen.

5

Den Backofen auf 225° vorheizen. Die
Buns mit dem verquirlten Ei bestreichen
und mit dem restlichen Zucker bestreuen. Im Backofen (Mitte, Gas Stufe 4,
Umluft 200°) in etwa 12 Minuten goldgelb backen.

Für den perfekten Teegenuß

brauchen Sie keine kostspieligen Geräte. Es genügt die Anschaffung einer Teekanne aus Porzellan, Steingut oder Glas und eines Teesiebs, um die Teeblätter aufzufangen.

Früher war man der Meinung, Teekannen dürfen nicht mit Spülmittel ausgewaschen werden. Für Tonkannen gilt das auch nach wie vor. Glas- oder Porzellankannen allerdings können Sie getrost mit Spülmittel waschen. Ist die Kanne gründlich mit klarem Wasser nachgespült worden, wird der Teegeschmack nicht beeinträchtigt.

Allerdings ist die Aufbewahrung von Tee für seinen Geschmack wichtig. In fest verschließbaren Dosen bei Zimmertemperatur aufbewahrt, behält Tee sein Aroma am besten. Im Kühlschrank oder in Kunststoffbehältern nimmt er rasch fremden Geruch und Geschmack an.

Wenn Sie Ihren Gästen Tee bei jeder Gelegenheit und in gemütlicher Atmosphäre zelebrieren möchten, lohnt sich der Erwerb eines elektrisch beheizten Samowars. Gut sortierte Küchenläden bieten dekorative Modelle um 500 DM an. Mit ihm lassen sich Wasser und Tee-Essenz beliebig lange heiß halten. Es gibt aber auch ein preiswerteres Gerät, das nach dem russischen Prinzip arbeitet: Die Samowar-Teemaschine (ab 100 DM) liefert einen schmackhaften Tee aus einem automatisch hergestellten Teesud, der am Ende der Ziehzeit mit erhitztem Wasser verdünnt wird.

Filter-Teemaschinen (um 170 DM als Duo-Gerät mit einer Kaffeemaschine erhältlich) oder Tee-Schwenkfilter (etwa 25 DM) für eine Kaffeemaschine sind nicht empfehlenswert. Sie schlucken einen Teil des Geschmacks, da die Teeblätter nicht frei im Wasser schwimmen können. Dasselbe gilt auch für die Verwendung von Tee-Eiern.